L'ÉCONOMIE CIRCULAIRE DE LA HIGH-TECH

L'économie circulaire de la high-tech

Première édition
publiée en avril 2026 par :

Atramenta

Tampere, FINLANDE

www.atramenta.net

ISBN : 978-952-421-185-7

Maurice Kaag

L'ÉCONOMIE CIRCULAIRE DE LA HIGH-TECH

Guide pratique pour acheter, faire durer et libérer ses appareils

Atramenta

Introduction

Nous vivons entourés d'objets numériques. Smartphones, ordinateurs portables et tablettes sont devenus indispensables pour travailler, communiquer, apprendre et s'informer. Pourtant, le constat est réel : nos appareils vieillissent mal. Ils ralentissent, ne sont plus mis à jour, deviennent incompatibles ou coûtent trop cher à réparer.

Ce renouvellement rapide est fréquemment présenté comme inévitable. Pourtant, il a un coût environnemental bien documenté. Selon le *Global E-waste Monitor* publié par l'Union internationale des télécommunications, la quantité de déchets électroniques augmente plus vite que leur capacité de collecte et de recyclage à l'échelle mondiale [1].

En Europe, la Commission européenne souligne également que les déchets d'équipements électriques et électroniques contiennent un mélange complexe de matériaux, dont certains sont dangereux et difficiles à recycler correctement [2].

Derrière chaque appareil se cachent aussi des matières premières critiques. L'Organisation de coopération et de développement économiques (OCDE) rappelle que certaines chaînes d'approvisionnement en minerais utilisés dans l'électronique sont associées à des risques élevés pour les droits humains, la stabilité politique et l'environnement [3]. La fabrication d'un ap-

1. *ITU (2024)* — The Global E-waste Monitor.
2. *EC (2025)* — Waste from Electrical and Electronic Equipment.
3. *OCDE (2016)* — Due Diligence Guidance for Responsible Supply Chains of Minerals from Conflict-Affected and High-Risk Areas.

pareil concentre ainsi l'essentiel de son impact environnemental, bien avant sa première utilisation.

Le logiciel joue également un rôle central dans l'obsolescence des équipements. Un ordinateur ou un smartphone matériellement fonctionnel peut devenir inutilisable simplement parce qu'il ne reçoit plus de mises à jour ou parce qu'il ne répond plus aux exigences techniques imposées par les éditeurs de logiciels. L'introduction de nouvelles exigences matérielles pour Windows 11, notamment la présence d'un module TPM 2.0 [4], a ainsi rendu incompatibles des millions d'ordinateurs encore parfaitement utilisables [5].

La majorité des ordinateurs et des smartphones pourraient durer beaucoup plus longtemps. Il ne s'agit ni de rejeter la technologie, ni de désigner un responsable unique, mais de comprendre les mécanismes qui transforment des appareils fonctionnels en déchets prématurés.

L'objectif de cet ouvrage est volontairement pratique et accessible. Sans connaissances techniques particulières, il est possible d'avoir un impact positif pour notre planète, le bien-être général et notre portefeuille : acheter d'occasion, choisir des modèles plus durables, remplacer quelques pièces clés plutôt que jeter un appareil, ou encore utiliser des alternatives logicielles pour prolonger la durée de vie du matériel. Cette approche est d'ailleurs encouragée par les institutions européennes, qui promeuvent désormais la réparabilité, la durabilité et le droit à la réparation des équipements électroniques [6] [7].

Enfin, cet ouvrage se veut avant tout pratique. Le premier chapitre pose le cadre général : comprendre pourquoi nos appareils électroniques ont un impact disproportionné, et pourquoi

4. *Microsoft Support (2025)* — Activer TPM 2.0 sur votre PC.

5. *Microsoft 2025* — Spécifications et configuration système requise pour Windows 11.

6. *EC (2024)* — Directive on repair of goods.

7. *EC (2025)* — New EU rules for durable, energy-efficient and repairable smartphones and tablets.

prolonger leur durée de vie est l'un des gestes les plus efficaces à notre portée. Le deuxième chapitre s'intéresse à l'achat d'ordinateurs et de smartphones d'occasion : où les trouver, comment éviter les pièges courants et identifier des modèles fiables. Le troisième chapitre entre dans le concret en abordant le choix des marques et des gammes réparables, ainsi que le remplacement des pièces les plus courantes. Enfin, le dernier chapitre explore les alternatives logicielles, notamment le rôle des systèmes libres, pour redonner une seconde vie à des équipements encore parfaitement fonctionnels. L'objectif n'est pas de devenir expert, mais de donner au lecteur les clés nécessaires pour faire des choix plus durables, sans renoncer au confort ni à l'usage quotidien.

Chapitre

1

Acheter d'occasion : le geste le plus efficace

Nous n'héritons pas de la terre de nos parents, nous l'empruntons à nos enfants.

— Antoine de Saint-Exupéry

Acheter un ordinateur portable ou un smartphone d'occasion est souvent le choix le plus simple et le plus efficace pour réduire l'impact environnemental du numérique. Pourquoi ? Parce que l'essentiel de l'empreinte d'un appareil existe déjà au moment où il sort de l'usine : extraction de matières premières, transport, énergie de fabrication, assemblage, emballage. Prolonger la vie d'un appareil, c'est éviter d'en produire un nouveau.

En parallèle, la quantité de déchets électroniques augmente à l'échelle mondiale, et la collecte ne suit pas toujours [1]. Le meilleur déchet est celui qu'on ne crée pas : acheter d'occasion, c'est transformer un futur déchet en appareil utile.

1.1 Occasion, reconditionné, « comme neuf » : quelle différence ?

Avant d'acheter, il faut comprendre trois mots que les vendeurs utilisent parfois de façon floue :

— **Occasion** : appareil vendu en l'état. Il peut être très bon, mais vous avez rarement un rapport de test complet. La garantie est souvent courte, voire inexistante.

— **Reconditionné** : appareil contrôlé, nettoyé, testé, parfois réparé (batterie, écran, clavier). Normalement, il est vendu avec une garantie et une description précise de son état.

— **Comme neuf** : expression marketing. Elle n'a pas de définition officielle. Ce n'est pas une catégorie : demandez toujours des informations concrètes (batterie, écran, garantie, tests).

> **Information**
>
> Si vous ne voulez pas prendre de risques, privilégiez un appareil *reconditionné* avec une garantie écrite.

1.2 Pourquoi l'occasion est souvent meilleure que le neuf

Pour une audience non technique, retenez que **la fabrication pèse lourd**. Les institutions et rapports sur les déchets

1. *ITU (2024)* — The Global E-waste Monitor.

électroniques rappellent que nos équipements contiennent de nombreux matériaux, difficiles à recycler, et que les volumes augmentent [2] [3]. Acheter un appareil déjà existant permet :

— d'éviter l'extraction de nouvelles ressources ;
— de réduire la pression sur des chaînes d'approvisionnement parfois à risque [4] ;
— de limiter la quantité de déchets électroniques à traiter [5] ;
— et, très souvent, d'économiser de l'argent.

1.3 Trois critères à retenir

Quand on achète d'occasion, on peut se perdre dans des détails techniques. Pour faire simple, il suffit souvent de vérifier trois choses.

1) La batterie

La batterie est la pièce qui vieillit le plus vite. Elle détermine votre confort au quotidien, et elle peut coûter cher à remplacer sur certains modèles.

À demander au vendeur :

— l'état de la batterie (capacité restante, autonomie réelle) ;
— si elle a déjà été remplacée, et si oui, par une batterie d'origine ;
— la possibilité de retour si l'autonomie est anormalement faible.

Règle pratique :

2. *ITU (2024)* — The Global E-waste Monitor.
3. *EC (2025)* — Waste from Electrical and Electronic Equipment.
4. *EC (2025)* — Waste from Electrical and Electronic Equipment.
5. *ITU (2024)* — The Global E-waste Monitor.

— Smartphone : si la batterie ne tient pas une journée normale, prévoyez un remplacement.
— Laptop : si l'autonomie est inférieure à 2–3 heures en usage léger, prévoyez un remplacement (sauf si vous l'utilisez surtout branché).

2) L'écran

L'écran est souvent la réparation la plus chère, surtout sur les smartphones modernes. Un écran « fonctionnel » peut malgré tout être inconfortable (taches, zones sombres, pixels morts). Exiger des photos !

À vérifier :

— aucune fissure (même fine) ;
— pas de grandes zones jaunies ou sombres ;
— luminosité homogène ;
— tactile réactif partout (smartphone).

3) Le support logiciel

Un appareil peut être en parfait état, mais devenir pénible à utiliser si les mises à jour s'arrêtent. C'est l'un des moteurs majeurs de l'obsolescence.

À vérifier :

— la version du système d'exploitation ;
— si l'appareil reçoit encore des mises à jour de sécurité ;
— si vos applications indispensables fonctionnent.

Point important : l'obsolescence n'est pas seulement matérielle. Elle peut venir d'une décision logicielle (fin de support, exigences nouvelles). On l'a vu récemment avec des exigences matérielles imposées à certains ordinateurs pour Windows 11, comme TPM 2.0 [6] [7], mais aussi avec la débâcle des ordinateurs Chromebook de Google [8].

1.4 Laptop d'occasion : choix simples et durables

Ce qui vieillit bien

Pour un ordinateur portable, les meilleurs achats d'occasion sont souvent des machines conçues pour durer :

— châssis solide ;
— clavier confortable ;
— possibilité de changer la batterie ou le stockage.

Ce qui doit vous alerter

— charnières molles ou craquements ;
— surchauffe anormale ;
— chargeur non d'origine ;
— ports qui bougent ou ne répondent pas.

Information

Il est bien sûr difficile de vérifier tout ceci si vous achetez en ligne. Une alternative intéressante reste les magasins de seconde main comme Cash Converters ou HopCash.

6. *Microsoft Support (2025)* — Activer TPM 2.0 sur votre PC.
7. *Microsoft (2025)* — Spécifications et configuration système requise pour Windows 11.
8. *PIRG (2023)* — PIRG called for longer-lasting Chromebooks.

Et les Mac ?

Un Mac d'occasion peut être un excellent choix : les machines sont souvent bien finies et agréables à utiliser. Mais il faut connaître deux limites fréquentes :

— **Réparabilité variable :** sur certains modèles, beaucoup de composants sont collés ou soudés (batterie, stockage, mémoire).

— **Support logiciel :** à terme, Apple arrête les mises à jour sur des machines encore fonctionnelles, ce qui peut pousser au remplacement.

Conseil simple : si vous achetez un Mac d'occasion, privilégiez un modèle encore supporté par macOS.

1.5 Smartphone d'occasion : les pièges les plus courants

Sur smartphone, les deux causes de déception sont presque toujours :

— une batterie trop usée ;

— un téléphone « verrouillé » (compte iCloud/Google, opérateur).

Avant d'acheter :

— vérifiez que l'appareil peut être réinitialisé et activé sans compte précédent ;

— demandez si la batterie a été remplacée ;

— testez l'appareil photo, le micro, le haut-parleur et la charge.

1.6 Le bon réflexe : viser "assez bien"

Le piège le plus courant est de chercher *le meilleur modèle possible*. Or, pour la plupart des usages (messagerie, web, photos, bureautique), un appareil *assez bien* suffit.

Règle d'or : achetez un appareil qui répond à vos besoins réels, pas à un scénario rare. Vous gagnerez sur tous les plans : budget, tranquillité et impact environnemental.

1.7 À retenir

Acheter d'occasion n'est pas un compromis : c'est souvent le choix le plus rationnel. Vous économisez, vous réduisez la quantité de déchets électroniques [9] et vous limitez la pression sur des ressources critiques et parfois à risque [10].

Dans le prochain chapitre, nous verrons comment choisir une marque (et surtout un modèle) en évitant les pièges les plus fréquents : réparabilité, batterie, clavier, et obsolescence logicielle.

9. *ITU (2024)* — The Global E-waste Monitor.
10. *OCDE (2016)* — Due Diligence Guidance for Responsible Supply Chains of Minerals from Conflict-Affected and High-Risk Areas.

Chapitre

2

Où acheter et comment éviter les erreurs courantes

Celui qui déplace une montagne commence par enlever de petites pierres.

— Proverbe chinois

Ce chapitre a pour objectif de vous donner des repères concrets. Pas pour devenir technicien ou réparateur, mais pour acheter avec discernement, éviter les pièges classiques et savoir quand une bonne affaire en est réellement une.

2.1 Où acheter selon le niveau de risque accepté

Tous les canaux de vente ne se valent pas. Le bon choix dépend surtout de votre tolérance au risque et de votre envie — ou non — de gérer des imprévus.

Magasins spécialisés et reconditionneurs

Les magasins spécialisés dans l'occasion ou le reconditionné sont souvent le choix le plus rassurant, surtout pour un premier achat.

Leurs avantages sont établis :

- tests réalisés avant la vente ;
- état de l'appareil décrit explicitement ;
- garantie écrite ;
- possibilité de retour.

Le prix est généralement un peu plus élevé que sur les plateformes entre particuliers, mais ce surcoût achète de la tranquillité.

Plateformes généralistes

Certaines plateformes sont très utiles, à condition de les utiliser avec méthode.

- **Amazon** : pratique pour les consommables et les pièces standards, notamment les batteries ou les chargeurs.
- **ebay** : intéressant pour la mémoire vive, les claviers, ou des pièces spécifiques difficiles à trouver ailleurs.
- **leboncoin.fr** ou **ricardo.ch** : on y trouve surtout les appareils complets, c'est là qu'il faut être prudent.

— **Apple** propose sur `https://www.apple.com/shop/refurbished` des produits reconditionnés à neuf.

Sur ces plateformes, le point clé n'est pas tant le site lui-même que le vendeur :

— ancienneté ;
— évaluations ;
— clarté des descriptions ;
— politique de retour.

Un prix très bas combiné à une description floue est presque toujours un mauvais signal.

Revendeurs informatiques classiques

Pour certaines pièces neuves, il est souvent préférable de passer par des revendeurs informatiques reconnus, même si le produit final est destiné à un appareil d'occasion.

Par exemple :

— **Digitec Galaxus** en Suisse et en France ;
— **LDLC** en France et en Belgique.

Ils sont particulièrement adaptés pour :

— les disques SSD ;
— la mémoire vive neuve ;
— les accessoires compatibles clairement identifiés.

2.2 Identifier précisément le modèle : l'étape la plus importante

La majorité des erreurs lors de l'achat ou de la réparation proviennent d'une mauvaise identification du modèle exact de l'appareil.

Nom commercial et référence réelle

Un nom commercial est rarement suffisant. Par exemple, « MacBook Pro », « ThinkPad X1 » ou « Galaxy Tab » désignent des familles entières de produits, parfois sur dix ans ou plus.

Ce qui compte réellement est :

— la génération ;

— l'année ;

— la référence précise (souvent une combinaison de lettres et de chiffres).

Cette information se trouve généralement :

— sous l'appareil (étiquette) ;

— dans les paramètres système ;

— sur la facture d'origine.

Consulter le site du fabricant

Une fois la référence exacte identifiée, le réflexe essentiel est d'aller sur le site du fabricant, dans la section *Support* ou *Specifications*.

C'est là que l'on peut vérifier :

— le type de mémoire (soudée ou remplaçable) ;

— le type de stockage (SATA, NVMe) ;

— la capacité maximale supportée ;

— la batterie (amovible ou non) ;

— le clavier (disposition, rétroéclairage).

Les captures d'écran et photos annotées sont ici précieuses : elles permettent de comprendre sans vocabulaire technique.

2.3 Acheter des pièces : ce qui est simple, ce qui l'est moins

Toutes les réparations ne se valent pas. Certaines sont accessibles à presque tout le monde, d'autres demandent beaucoup plus de prudence.

Les pièces "faciles"

Ce sont les meilleures candidates pour prolonger la durée de vie d'un appareil :

— **disques SSD** : gain de performance immédiat ;
— **mémoire vive** : améliore la fluidité ;
— **batteries** : à condition de choisir un modèle compatible et fiable.

Ces pièces sont bien documentées, largement disponibles et relativement peu coûteuses.

Les pièces à risque

Certaines réparations sont possibles, mais rarement conseillées pour un public non technique :

— écrans collés ;
— cartes mères ;
— batteries génériques de qualité inconnue.

Une règle simple permet d'éviter bien des déceptions :

Si la pièce coûte plus de 30 à 40 % de la valeur de l'appareil, il faut envisager une autre solution.

2.4 Vérifier la réparabilité avant d'acheter

Même si vous n'avez pas l'intention de réparer vous-même, il est utile de savoir si l'appareil *peut* être réparé.

Un test simple :

— rechercher en ligne le modèle suivi de « remplacement de batterie » ou « mise à jour SSD » ;

— vérifier s'il existe des guides ou vidéos ;

— constater si la procédure est documentée ou inexistante.

Évitez un appareil dont la réparation est totalement absente des guides publics.

Information

Le site https ://fr.ifixit.com est une excellente référence pour savoir comment remplacer ou réparer toutes sortes d'appareils.

2.5 Attention aux claviers et aux dispositions

Le clavier est un piège fréquent, surtout lors d'achats transfrontaliers.

À vérifier impérativement :

— disposition (FR, CH, BE, autres) ;

— possibilité de remplacement ;

— coût réel d'un clavier compatible.

Sur certains modèles, le clavier est soudé ou fait partie du châssis, ce qui rend son remplacement coûteux, voire impossible.

Attention

Les claviers dits *suisses* ne sont pas tous identiques.
Les claviers *suisse français (CH-FR)* et *suisse allemand (CH-DE)* utilisent tous deux une disposition **QWERTZ**, mais présentent des différences subtiles.
Par exemple :

— certains caractères spéciaux ne sont pas au même endroit ;

— les symboles imprimés sur les touches peuvent varier ;

— l'accès aux accents et à la ponctuation diffère selon la langue.

Ces différences peuvent sembler mineures, mais elles influencent fortement le confort d'écriture au quotidien, en particulier pour un usage prolongé.

2.6 Les chargeurs : un détail qui n'en est pas un

Un chargeur inadapté peut provoquer :

— une charge lente ;

— une usure prématurée de la batterie ;

— des problèmes de stabilité.

USB-C ne signifie pas automatiquement compatibilité universelle. La puissance et les normes supportées comptent.

Lorsque c'est possible, privilégiez :

— le chargeur d'origine ;

— ou un chargeur certifié explicitement compatible.

2.7 Documenter son achat : un réflexe durable

Une fois l'appareil acheté ou modifié, prenez l'habitude de conserver :

— la référence exacte du modèle ;
— la page des spécifications constructeur ;
— la liste des pièces remplacées.

Ce simple réflexe facilite :

— les réparations futures ;
— la revente ;
— et évite des achats inutiles.

2.8 Combien ça coûte ?

Avant de conclure, il est utile de ramener la réflexion à des ordres de grandeur concrets.

Le tableau suivant illustre le coût typique d'un ordinateur portable professionnel d'occasion, complété par le remplacement des pièces les plus souvent concernées par l'usure. Les montants indiqués correspondent à des prix observés sur le marché européen de l'occasion ou des pièces compatibles, hors main-d'œuvre.

L'objectif n'est pas d'optimiser chaque euro, mais de montrer qu'un ordinateur fiable, réparable et performant pour un usage courant reste accessible, souvent pour un budget très inférieur à celui d'un appareil neuf équivalent.

Prix d'achat typique du laptop d'occasion : 250–500 €

Table 2.1 – Disponibilité et coût indicatif des pièces de rechange

Pièce	T480	X1C6	L5490	EB840	MBP15
Batterie	40–80 €	70–100 €	50–90 €	50–90 €	80–120 €
RAM	30–60 €	x	30–60 €	30–60 €	x
SSD	40–100 €	50–120 €	40–100 €	40–100 €	80–150 €
Clavier	30–60 €	60–90 €	40–70 €	40–80 €	70–120 €

Modèles : T480 = Lenovo ThinkPad T480, X1C6 = Lenovo ThinkPad X1 Carbon (Gen 6), L5490 = Dell Latitude 5490, EB840 = HP EliteBook 840 G5, MBP15 = Apple MacBook Pro 2015.
Remarque : Les prix indiqués sont des ordres de grandeur observés sur le marché européen. Le symbole x indique une pièce soudée ou non remplaçable.

Budget total typique (ordinateur + pièces de rechange) : 400–700 €

Ce budget correspond à un ordinateur parfaitement adapté à un usage courant (bureautique, navigation, vidéo, travail à distance), avec des composants neufs ou remis à niveau sur les points critiques.

2.9 À retenir

Savoir où acheter et comment vérifier un appareil est aussi important que le choix de l'occasion lui-même. Avec quelques réflexes simples — identifier le modèle exact, consulter les spécifications, choisir les bons canaux de vente — il est possible d'éviter la majorité des erreurs courantes.

Dans le prochain chapitre, nous verrons comment certaines marques et certains modèles sont plus favorables que d'autres à la réparation et à la longévité, et comment reconnaître les signaux d'obsolescence avant même l'achat.

Chapitre

3

Marques, modèles et obsolescence programmée

On ne juge bien des choses qu'en voyant ce qu'elles deviennent.

— Adam Mickiewicz

Toutes les marques ne conçoivent pas leurs appareils pour durer. Dans ce chapitre, nous allons volontairement aller à l'essentiel : citer des marques et des modèles connus pour leur longévité, expliquer pourquoi ils sont intéressants en occasion, et donner des ordres de prix réalistes.

L'objectif n'est pas de trouver « le meilleur appareil », mais un appareil suffisamment robuste, réparable et encore pertinent aujourd'hui.

3.1 Ce qui fait vraiment la différence sur la durée

Avant de parler de marques, rappelons trois critères simples qui comptent plus que le design ou les performances brutes :

— mémoire et stockage non soudés ou au moins accessibles ;
— batterie remplaçable ou remplaçable sans outillage exotique ;
— documentation et pièces détachées disponibles.

Les modèles qui respectent ces critères vieillissent presque toujours mieux.

3.2 Ordinateurs portables à privilégier

Gammes professionnelles (recommandées)

Ces modèles sont conçus pour les entreprises, donc pour être utilisés, maintenus et réparés pendant plusieurs années.

— **Lenovo** ThinkPad (W530, T440, T480, T490, X1 Carbon Gen 6–8) *Pourquoi :* excellente documentation, pièces disponibles, clavier remplaçable. *Prix typique :* 200–700 €.
— **Dell** Latitude (5490, 5500, 7400) *Pourquoi :* conception robuste, composants standards. *Prix typique :* 300–650 €.
— **HP** EliteBook (840 G5 à G8) *Pourquoi :* bonne réparabilité, large disponibilité en occasion. *Prix typique :* 350–750 €.

À éviter en priorité

— ultrabooks grand public très fins (RAM soudée, batterie collée) ;
— modèles d'entrée de gamme récents mais peu évolutifs ;

— appareils sans référence claire ou sans documentation.

Un modèle professionnel de cinq ans est souvent un meilleur choix qu'un modèle grand public récent.

3.3 Atelier express : remettre à neuf un ThinkPad (batterie, mémoire, clavier)

L'un des meilleurs indicateurs de durabilité, ce n'est pas la marque en elle-même, mais la facilité à remplacer les pièces qui s'usent. Sur de nombreux Lenovo ThinkPad (gammes professionnelles), remplacer une batterie, ajouter de la mémoire (RAM) ou changer un clavier est possible sans équipement spécialisé.

> **Attention**
>
> **Sécurité.** Éteignez l'ordinateur, débranchez-le, et retirez toute source d'alimentation. Travaillez sur une table propre, sans moquette, et évitez l'électricité statique. Si vous n'êtes pas à l'aise, faites-vous aider : une nappe de clavier mal manipulée peut se déchirer.

Ce qu'il vous faut (simple)

— Un petit tournevis cruciforme.
— Un outil en plastique ou une vieille carte rigide pour faire levier.
— Une boîte pour les vis (elles ne font pas toutes la même longueur).
— Les pièces : batterie compatible, barrettes de mémoire, clavier correspondant à votre langue.

1) Identifier les vis

Sous les ThinkPad, le fabricant a indiqué quelles vis doivent être retirées afin d'accéder à l'un ou l'autre composant.

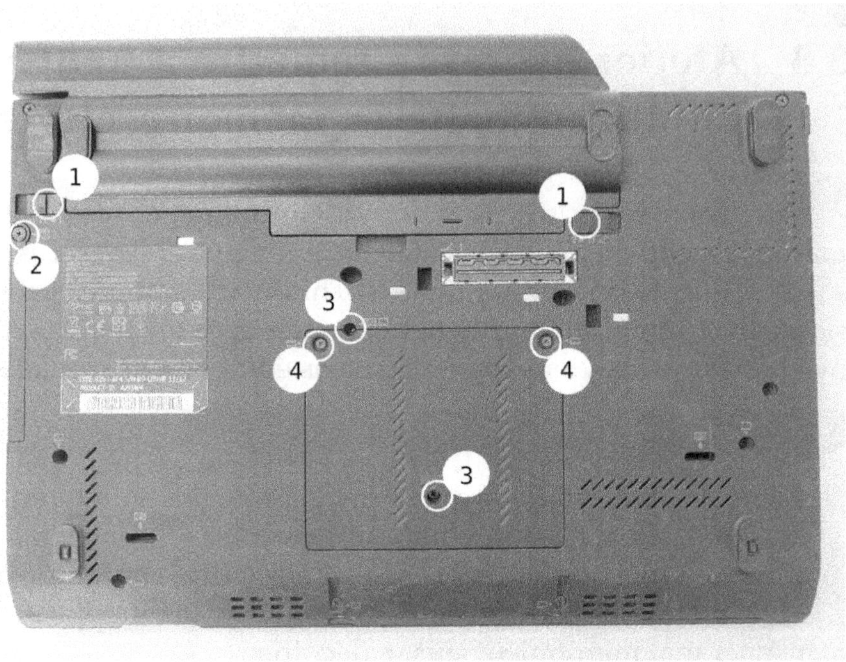

FIGURE 3.1 – Indication des vis.

— 1 : les loquets qui retiennent la batterie ;
— 2 : la vis qui donne accès au disque de stockage ;
— 3 : les vis qui retiennent le clavier ;
— 4 : les vis qui cachent les barrettes de mémoire.

2) Remplacer la batterie

Sur beaucoup de ThinkPad, la batterie est accessible en quelques secondes (batterie externe) ou via une trappe/vis (batterie interne).

1. Retournez l'ordinateur.
2. Déverrouillez les loquets et retirez la batterie (si externe).
3. Pour une batterie interne : dévissez la plaque inférieure puis débranchez la batterie.
4. Installez la nouvelle batterie et remontez.

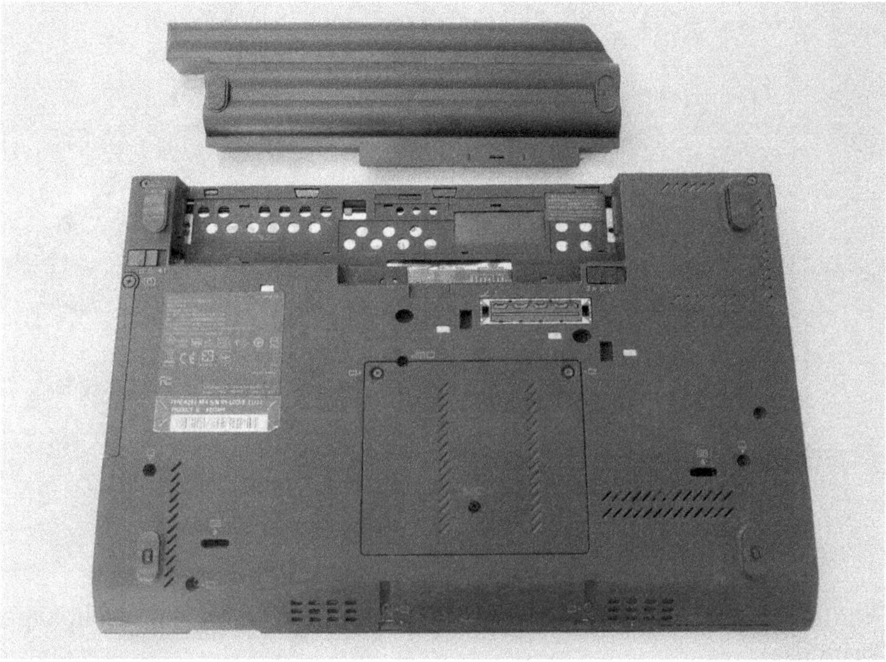

FIGURE 3.2 – Batterie sur ThinkPad : exemple de retrait d'une batterie externe (principe).

3) Ajouter ou remplacer la RAM

La mémoire (RAM) se présente sous forme de barrettes SODIMM sur de nombreux modèles professionnels (attention : certains ultraportables ont la RAM soudée).

1. Ouvrez la trappe RAM ou retirez la plaque inférieure.
2. Écartez doucement les clips : la barrette se relève.

3. Insérez la nouvelle barrette en biais, puis appuyez pour la clipser.
4. Refermez et redémarrez.

Figure 3.3 – Barrette RAM (SODIMM) : insertion en biais puis clipsage (principe).

4) Remplacer le clavier (le point délicat)

Le clavier est souvent la réparation la plus utile (touches usées, liquide, layout), mais elle demande de la délicatesse : il y a une nappe.

1. Repérez les vis marquées d'un pictogramme clavier sous l'ordinateur (selon modèles).
2. Dévissez, puis retournez l'ordinateur pour avoir le clavier devant vous.

3. Faites coulisser le clavier du bas vers le haut, soulevez le clavier (sans forcer).
4. Débranchez la nappe en relevant le petit verrou du connecteur.
5. Placez le nouveau clavier et rebranchez le connecteur.
6. Emboîtez le clavier en partant du haut, déposez et coulissez vers le bas.
7. Retournez l'ordinateur pour replacer les vis.

FIGURE 3.4 – Clavier ThinkPad : démontage du clavier.

Quand s'arrêter

Si une vis tourne dans le vide, si une pièce résiste anormalement, ou si vous ne voyez pas clairement où se branche une nappe, mieux vaut s'arrêter et chercher le manuel officiel du modèle ou faire appel à un ami.

3.4 Le cas des ordinateurs Apple

Les ordinateurs Apple peuvent être de bons achats d'occasion, mais uniquement dans des cas précis.

— **Apple** MacBook Pro 2015 (non Touch Bar) *Pourquoi :* ports complets, réparabilité encore acceptable. *Prix typique :* 400–600 €.

— **Apple** MacBook Air/Pro plus récents *Attention :* RAM et stockage soudés, réparations coûteuses. *Prix typique :* souvent élevé par rapport aux possibilités d'évolution.

Sur une machine Apple, l'année exacte du modèle est plus importante que le nom commercial.

3.5 Smartphones : faire des compromis éclairés

Les smartphones sont plus difficiles à faire durer, mais certains choix sont moins risqués que d'autres.

Modèles généralement plus durables

— **Samsung** Galaxy (S10, S20, S21, S23) *Pourquoi :* pièces disponibles, support logiciel correct. *Prix typique :* 200–400 €.
— **Google** Pixel (Pixel 5, Pixel 6 Pro, Pixel 7) *Pourquoi :* mises à jour longues, écosystème simple. *Prix typique :* 200–450 €.
— **Apple** iPhone 14, 15 et 16 *Pourquoi :* mises à jour longues, excellente qualité. *Prix typique :* 300–500 €.

À éviter

— modèles très bon marché sans suivi logiciel ;
— smartphones anciens non mis à jour ;
— batteries non remplaçables sans solution documentée ;
— marque déconnectée du marché européen (par exemple Huawei qui n'a plus accès aux outils Google).

3.6 Tablettes : prudence recommandée

Les tablettes sont rarement conçues pour durer longtemps.

- Tablettes Android d'entrée de gamme : support logiciel court.
- iPad : matériel durable, mais réparations coûteuses.

Pour un usage ponctuel, une tablette d'occasion peut suffire. Pour un usage quotidien, un ordinateur portable reste souvent un meilleur choix.

3.7 À retenir

Choisir un appareil durable n'est pas une question de marque prestigieuse, mais de conception. Les gammes professionnelles, légèrement plus anciennes, offrent souvent le meilleur compromis entre prix, réparabilité et longévité.

Dans le prochain chapitre, nous verrons comment le logiciel — mises à jour, exigences matérielles et choix du système — peut à lui seul rendre un appareil obsolète... ou au contraire lui offrir plusieurs années de vie supplémentaires.

Chapitre

4

Quand le logiciel rend le matériel obsolète

La nécessité est souvent le prétexte des contraintes inutiles.

— Montesquieu

Que voulez-vous réellement faire avec cet ordinateur ? Cette question simple est pourtant rarement posée au moment de l'achat ou du remplacement d'une machine.

S'agit-il d'un premier ordinateur pour un adolescent, destiné aux devoirs et à la navigation sur Internet ? D'un ordinateur familial pour gérer les factures, réserver des vacances, faire du shopping et consulter des recettes ? Ou d'une machine dédiée au jeu vidéo ou à un usage professionnel spécifique ?

La réponse conditionne tout. Un ordinateur d'occasion capable de faire tourner les derniers jeux vidéo coûtera facilement autour de 1 000 €. En revanche, pour un usage courant — navigation, bureautique, vidéo — une machine entre 300 et 400 € est souvent largement suffisante.

4.1 Quand le système d'exploitation devient le problème

Sur de nombreux ordinateurs encore parfaitement fonctionnels, ce n'est pas le matériel qui pose problème, mais le logiciel.

Le cas le plus emblématique est celui de **Windows**. Avec **Windows 11**, Microsoft a introduit de nouveaux critères matériels pour autoriser la mise à jour, notamment la présence d'une puce électronique nommée TPM 2.0, un composant de sécurité matériel.

Des millions d'ordinateurs achetés il y a moins de dix ans ne répondent pas à ces exigences, alors même qu'ils fonctionnent encore parfaitement. Résultat : l'utilisateur se retrouve face à un choix artificiel entre conserver un système non supporté ou remplacer une machine encore viable.

Dans ce contexte, le logiciel devient un facteur direct d'obsolescence.

4.2 Une alternative simple : installer Linux

Face à ces contraintes, une alternative existe et reste encore largement méconnue du grand public : **Linux**.

Le nom complet est GNU/Linux. Il s'agit d'un système d'exploitation libre, apparu dans les années 1990, aujourd'hui omniprésent : smartphones Android, voitures modernes, objets connectés et les équipements qui font tourner Internet.

Contrairement à une idée reçue, Linux n'est pas réservé aux experts. Il existe des versions, appelées distributions, conçues pour une utilisation simple et quotidienne.

Dans un souci de clarté, deux distributions sont particulièrement adaptées à un usage non technique :
- **Debian** : stable, robuste, idéale pour prolonger la vie d'un ordinateur.
- **PopOS!** : moderne, orientée vers la simplicité et les ordinateurs portables.

4.3 Installer Linux : plus simple qu'on ne l'imagine

L'installation d'un système Linux se déroule de manière très similaire à celle de Windows.

Les étapes sont généralement les suivantes :
- préparer une clé USB d'installation ;
- démarrer l'ordinateur depuis cette clé ;
- suivre un assistant en français ;
- redémarrer une fois l'installation terminée.

Pourquoi attendre plus longtemps ? Faisons-le ensemble !

Se préparer

- Une clé USB de 8 Go (16 Go recommandé).
- Un ordinateur et une connexion Internet.
- Un logiciel pour écrire l'image sur la clé.

1) Télécharger l'image (ISO)

Téléchargez l'ISO de Debian 13 : `https://cdimage.debian.org/debian-cd/current/amd64/iso-cd/debian-13.2.0-amd64-netinst.iso`

2) Créer la clé USB avec le logiciel balenaEtcher

balenaEtcher fonctionne sur Windows, macOS et Linux : `https://www.balena.io/etcher/`

1. Lancez Etcher.
2. Cliquez sur *Flash from file* et sélectionnez le fichier ISO.
3. Cliquez sur *Select target* et choisissez votre clé USB.
4. Cliquez sur *Flash* et attendez la fin (Etcher vérifie généralement l'écriture).

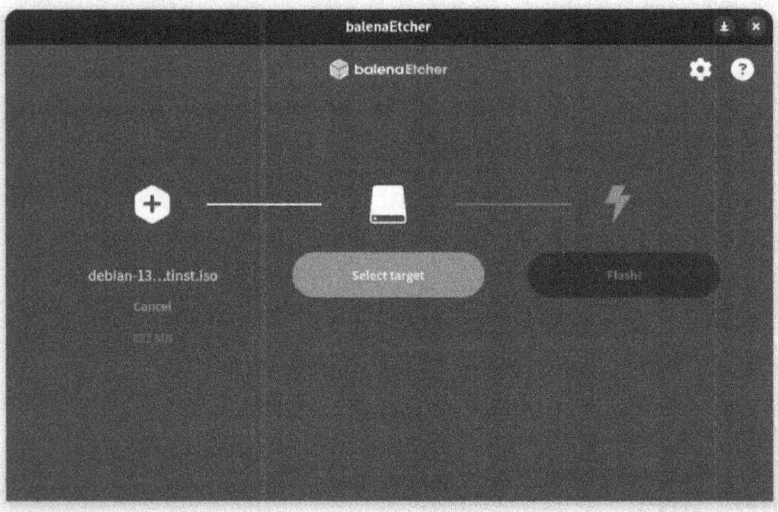

Figure 4.1 – Interface de balenaEtcher.

3) Démarrer (booter) sur la clé USB

Une fois la clé prête :

1. Éteignez l'ordinateur.
2. Branchez la clé USB.

3. Allumez l'ordinateur et appuyez immédiatement sur la touche du menu de démarrage : *F12*, *F10*, *F9*, *Esc* ou *Suppr* (cela dépend des marques).
4. Dans le menu, choisissez votre clé USB.

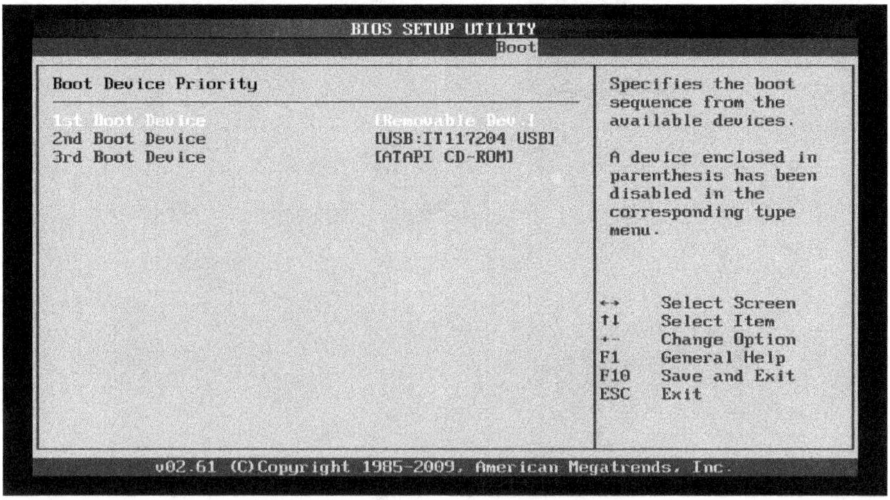

FIGURE 4.2 – Ordre de démarrage

Si l'ordinateur démarre sur Windows au lieu de la clé : redémarrez et réessayez le menu de démarrage. Sur certaines machines, il faut désactiver temporairement *Secure Boot* dans le BIOS.

4) Installer Debian

1. Au démarrage, choisissez *Graphical install* et appuyez sur *Entrée*
2. Choisissez ensuite *Français* comme langue
3. Suivez l'assistant : langue, clavier, fuseau horaire, compte utilisateur.
4. Pour une installation simple, choisissez l'option d'effacement automatique (uniquement si vous acceptez de supprimer les données du disque).

5. L'installation se termine en général en 15 à 30 minutes, puis redémarrage. Vous pouvez maintenant retirer la clé USB.

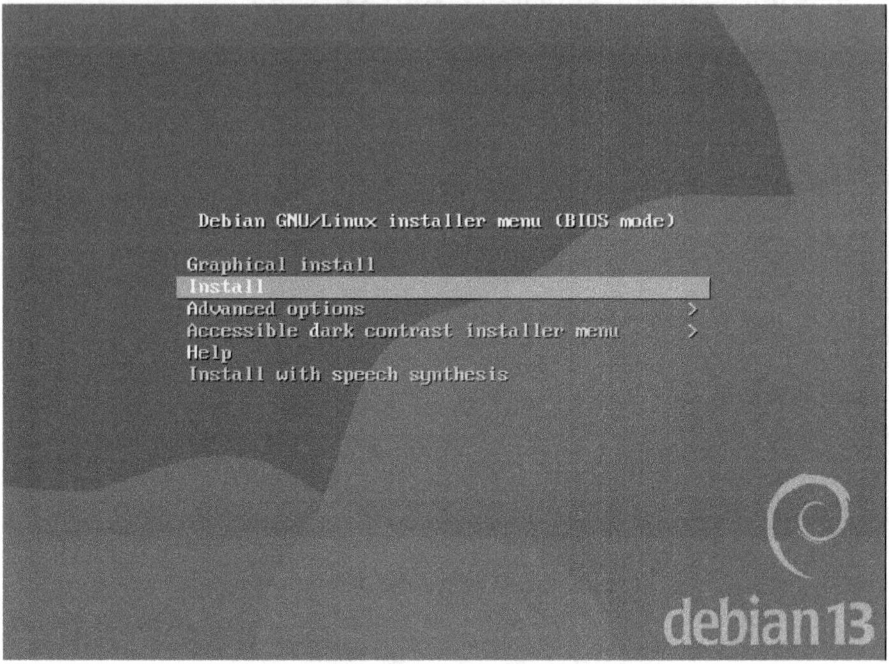

FIGURE 4.3 – Installation de Debian.

5) Après l'installation

— Faire les mises à jour (une fois connecté à Internet).
— Installer vos logiciels depuis la boutique/gestionnaire de paquets.
— Activer la sauvegarde (disque externe ou solution cloud de confiance).

Attention

En cas de doute : ne formatez jamais un disque tant que vous n'avez pas sauvegardé vos données importantes.

Une fois installé, le système propose un catalogue de logiciels gratuits, installables en quelques clics depuis une boutique dédiée.

Pour un ordinateur ancien, le gain de fluidité est souvent immédiat : là où un Windows récent peut sembler lent, Linux redonne de la réactivité à la machine.

4.4 Un retour d'expérience concret

Il n'est pas rare de voir des ordinateurs de plus de dix ans rester parfaitement utilisables grâce à un changement de logiciel.

J'utilise quotidiennement des Lenovo ThinkPad X220, W530 et X1 Carbon, commercialisés au début des années 2010. Ces machines fonctionnent encore aujourd'hui sans difficulté après quelques mises à jour matérielles simples (batterie, disque, mémoire) et l'installation d'une distribution Linux.

Il me faut souligner que Linux fonctionne très bien sur les anciens modèles de MacBook Pro 2010 et plus.

Ce type d'exemple illustre un point essentiel : le matériel ne pose pas de problème.

4.5 Les logiciels : des alternatives crédibles

Contrairement à une idée répandue, peu de logiciels sont réellement exclusifs à Windows ou macOS. Il s'agit dans ce cas de logiciels métiers spécifiques ou de certaines suites professionnelles (par exemple Winbiz, Adobe, ArchiCAD).

Pour un usage courant, des alternatives libres et gratuites existent, sur Linux, macOS et même Windows :

— LibreWolf ou Firefox pour la navigation Internet ;

— Thunderbird pour les emails, contacts et agendas ;
— LibreOffice pour les documents, tableurs et présentations ;
— GIMP pour la retouche photo ;
— Inkscape pour le dessin vectoriel ;
— Kdenlive pour le montage vidéo ;
— Darktable pour la gestion et le développement des photos.

Ces outils couvrent l'essentiel des besoins domestiques et professionnels courants, sans abonnement et sans dépendance à un constructeur.

4.6 À retenir

Dans de nombreux cas, remplacer un ordinateur n'est pas une nécessité technique, mais une conséquence de choix logiciels imposés.

Changer de système d'exploitation, ou simplement adapter ses outils, permet souvent de prolonger la durée de vie d'un appareil de plusieurs années. C'est un levier simple, accessible, et encore largement sous-estimé dans la réflexion sur l'économie circulaire de la high-tech.

Conclusion

Ce livre ne propose ni solution miracle, ni modèle unique à suivre. Il propose une méthode.

Cette méthode repose sur quelques principes simples, répétés tout au long des chapitres :

— partir de l'usage réel plutôt que du marketing ;
— privilégier l'existant avant le neuf ;
— choisir des appareils réparables et documentés ;
— adapter le logiciel au matériel, et non l'inverse.

Ces principes permettent de prolonger la durée de vie des appareils électroniques, de réduire les déchets et d'éviter des dépenses inutiles. Ils montrent aussi que l'obsolescence n'est pas une fatalité technique, mais souvent le résultat de choix industriels et logiciels.

Les motivations derrière cette démarche sont multiples. Elles sont d'abord économiques : acheter d'occasion, réparer et réutiliser coûte presque toujours moins cher que remplacer. Elles sont ensuite écologiques : chaque appareil prolongé évite l'extraction de nouvelles ressources, le transport, et la production de déchets complexes. Elles sont enfin pratiques : un outil que l'on comprend et maîtrise est souvent plus fiable et plus durable.

Mais cette réflexion peut aller plus loin.

Une fois le matériel choisi avec soin et le logiciel adapté, une autre question émerge naturellement : *que deviennent nos données ?* La plupart des systèmes et services dominants reposent sur la collecte massive d'informations personnelles, souvent sans que l'utilisateur en ait une vision claire.

Des alternatives existent pourtant, accessibles et de plus en plus matures.

Sur ordinateur, réduire sa dépendance aux services centralisés passe par des choix simples : moteurs de recherche respectueux de la vie privée, navigateurs moins intrusifs, services de synchronisation auto-hébergés ou européens.

Sur smartphone, des systèmes alternatifs permettent d'aller encore plus loin. Des projets comme GrapheneOS ou Fairphone basé sur Murena, proposent des environnements mobiles centrés sur la sécurité, la protection des données et la réduction de la dépendance aux services des GAFAM. Ces solutions ne s'adressent pas uniquement aux experts : elles traduisent une volonté croissante de reprendre le contrôle de ses outils numériques.

S'engager dans une économie circulaire de la high-tech, ce n'est donc pas seulement faire durer le matériel. C'est aussi questionner les usages, les modèles économiques et la place que nous accordons à nos données personnelles.

Cette démarche ne demande ni perfection, ni renoncement total. Elle commence par des choix progressifs, informés, parfois modestes, mais toujours cohérents. Prolonger la vie d'un ordinateur, installer un système plus léger, choisir un logiciel libre ou limiter la collecte de données sont autant de pas dans la même direction.

À l'heure où la technologie est omniprésente, reprendre la maîtrise de ses outils numériques devient un acte à la fois pragmatique et responsable. Non pas pour revenir en arrière, mais pour construire un usage plus durable, plus sobre et plus respectueux — des ressources comme des individus.

Bibliographie

[1] European Commission (2024). *Directive on repair of goods.* https://commission.europa.eu/law/law-topic/consumer-protection-law/directive-repair-goods_en (visité le 05/01/2026).

[2] European Commission (2025). *New EU rules for durable, energy-efficient and repairable smartphones and tablets start applying 20 June 2025.* https://single-market-economy.ec.europa.eu/news/new-eu-rules-durable-energy-efficient-and-repairable-smartphones-and-tablets-start-applying-2025-06-20_en (visité le 05/01/2026).

[3] European Commission (2025). *Waste from Electrical and Electronic Equipment (WEEE) – Overview.* https://environment.ec.europa.eu/topics/waste-and-recycling/waste-electrical-and-electronic-equipment-weee_en (visité le 05/01/2026).

[4] iFixit (2023). *Comment iFixit calcule ses indices de réparabilité.* https://fr.ifixit.com/News/84947/comment-ifixit-calcule-ses-indices-de-reparabilite (visité le 05/01/2026).

[5] International Telecommunication Union (2024). *The Global E-waste Monitor 2024.* https://www.itu.int/en/ITU-D/Environment/Pages/Publications/The-Global-E-waste-Monitor-2024.aspx (visité le 05/01/2026).

[6] Microsoft (2025). *Spécifications et configuration système requise pour Windows 11.* https://www.microsoft.com/fr-fr/windows/windows-11-specifications (visité le 05/01/2026).

[7] Microsoft Support (2025). *Activer TPM 2.0 sur votre PC.* https://support.microsoft.com/fr-fr/windows/activer-tpm-2-0-sur-votre-pc (visité le 05/01/2026).

[8] Organisation de coopération et de développement économiques (OCDE) (2016). *Due Diligence Guidance for Responsible Supply Chains of Minerals from Conflict-Affected and High-Risk Areas.* https://www.oecd.org/mining/due-diligence-guidance-for-responsible-supply-chains-of-minerals.htm (visité le 05/01/2026).

[9] Public Interest Research Group (2023). *PIRG called for longer-lasting Chromebooks.* https://publicinterestnetwork.org/wp-content/uploads/2024/02/PennPIRG-winter2024-newsletter.pdf (visité le 05/01/2026).

Glossaire

Android Système d'exploitation mobile basé sur le noyau Linux, développé principalement par Google. Android est utilisé sur une grande variété d'appareils, notamment les smartphones, tablettes, téléviseurs connectés et objets embarqués.

BIOS Système de base d'un ordinateur chargé d'initialiser le matériel et de lancer le système d'exploitation au démarrage. Sur les machines récentes, il est progressivement remplacé par l'UEFI.

Distribution Linux Version spécifique de GNU/Linux regroupant le système de base, les logiciels et un programme d'installation. Exemples : Debian, Ubuntu, Pop!_OS.

Fairphone Marque de smartphones conçus pour être plus durables et réparables, avec des composants modulaires et une attention particulière portée aux conditions de production et à l'impact environnemental.

GAFAM Acronyme désignant les grandes entreprises technologiques américaines : Google, Apple, Facebook (Meta), Amazon et Microsoft.

GrapheneOS Système d'exploitation mobile axé sur la sécurité et la protection des données, basé sur Android.

Laptop Ordinateur portable intégrant écran, clavier et batterie dans un format compact. Aussi appelé *ordinateur portable*.

GNU/Linux Famille de systèmes d'exploitation libres reposant sur le noyau Linux et les outils GNU. Utilisés sur ordinateurs, serveurs, smartphones et systèmes embarqués.

Murena (/e/) Écosystème mobile alternatif proposant un Android dégooglisé et des services respectueux de la vie privée.

Obsolescence programmée Ensemble de pratiques — techniques ou logicielles — qui limitent volontairement ou indirectement la durée d'usage d'un produit.

SODIMM Format compact de barrette de mémoire vive (RAM) utilisé principalement dans les ordinateurs portables et certains ordinateurs compacts. Les modules SODIMM sont plus courts que les barrettes DIMM des ordinateurs de bureau et peuvent, selon les modèles, être remplacés ou ajoutés pour améliorer les performances d'un ordinateur.

TPM (Trusted Platform Module) Composant matériel de sécurité utilisé pour le chiffrement et l'authentification. Requis par certains systèmes récents, comme Windows 11, mais absent de nombreux ordinateurs encore fonctionnels.

UEFI Interface moderne remplaçant progressivement le BIOS. Elle gère le démarrage de l'ordinateur, la configuration matérielle et des fonctions de sécurité comme le *Secure Boot*.

USB (Universal Serial Bus) Standard de connexion permettant de brancher des périphériques comme des clés USB, claviers, souris ou disques externes. Souvent utilisé pour démarrer un ordinateur sur un système d'installation.

À propos de l'auteur

Je travaille dans *l'informatique* (un bien grand mot) depuis le début des années 2000. Mais mon rapport aux ordinateurs a commencé bien avant cela, à une époque où le web était encore lent, bruyant et largement expérimental. Au milieu des années 1990, j'ai commencé à démonter, observer et réparer des PC, animé par la curiosité de comprendre comment les choses fonctionnent réellement.

Mon premier ordinateur, un Pentium MMX à 200 MHz, représentait à l'époque une petite révolution. Très vite, il est devenu un terrain d'exploration plutôt qu'un simple outil. Cette envie de comprendre, de tester et de faire par moi-même ne m'a jamais quitté. Avec le temps, elle s'est déplacée du matériel vers les logiciels, puis vers les réseaux et puis vers l'informatique en entreprise.

Au fil des années, j'ai travaillé sur des projets très variés, allant de l'hébergement dans des centres de données et de l'administration de systèmes à la conception de services numériques pour des grands groupes, avec une attention croissante portée à la durabilité, à la simplicité et à la maîtrise technique. Je m'intéresse particulièrement aux alternatives sobres, aux logiciels libres et aux approches qui redonnent du pouvoir aux utilisateurs plutôt que de les enfermer dans des solutions opaques. Il en va de même pour les entreprises et les institutions publiques, je cherche aujourd'hui à les rendre plus souveraines.

Ce mini-guide s'inscrit dans cette continuité : partager une expérience, des constats et des pratiques accessibles, sans chercher à convaincre par le discours, mais par des exemples concrets.

Site web : https://www.userland.ch

Table des matières

Pour découvrir son profil, son actualité, ses publications, pour déposer un avis ou pour lui envoyer un message, retrouvez Maurice Kaag sur Atramenta

atramenta.net/kaag

www.ingramcontent.com/pod-product-compliance
Lightning Source LLC
Chambersburg PA
CBHW071400230926
51846CB00002B/610
9789524211857